부활초를 보다

정옥금 여덟 번째 시집

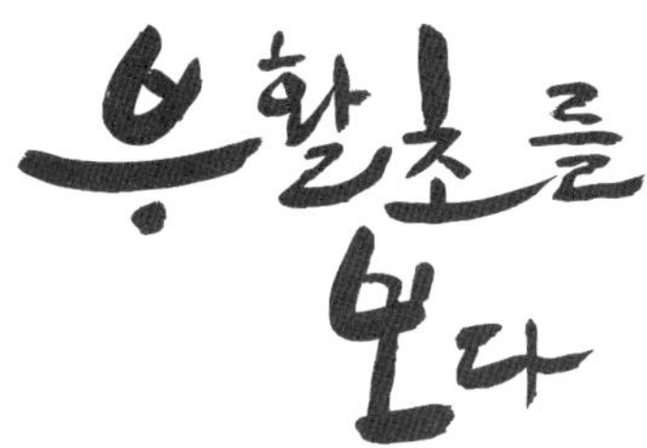

해암

시인의 말

또, 나의 분신이 탄생되었다.

그러나 아직도 세상 곳곳에 깊숙이 남아서

아련하게 요동치며 흔들어 깨우고 있는

곡진한 삶의 영혼들이 있기에

내 詩의 여행은 다시 시작되는 것이다.

2014년 가을이 오는 길목에서

정옥금

1 _ 자목련 잎이 떠나간다

2_ 천년의 소리

3_ 님을 찾아서

4_ 뻐꾹새가 운다

1

자목련 잎이 떠나간다

찔레꽃

어머나!
세상에…
찔레꽃이 피었네,

살굿빛 장물 위에 하얗게 피어난 찔레꽃잎 사이로 얼굴이 비치야 한 해 장 농사가 성공한 것이제 하시며 새끼손가락으로 간장을 찍어 내 입에 넣어주며 질 같은 장독 안에서 찔레꽃이 피어나는 법 가르쳐주던 어머니, 놋접시를 닦듯이 신주단지를 모시듯이 정성을 다해도 피어날 줄 모르던 꽃, 석삼년 석삼년이 몇 번이 지나고 메주에 핀 곰팡이처럼 내 손등에 저승꽃이 피는 봄날 비로소 첫 꽃을 보았다 풀무치가 울어대고 봉선화 만발한 장독대가 아닌데도 아파트 베란다 항아리 속에서 하얀 찔레꽃이 동동 동글동글 살갑게도 피어서 달디단 장맛을 빚고 있다

어무이요~ 찔레꽃 봤지예?

그 늙은 암소가 걸어갔던

늙은 암소는 새벽이슬을 털며
도살장으로 가는 들길로 뚜벅뚜벅 걸었다
생살을 뚫고 코뚜레에 잡혀 오래 걸었던
고달팠던 생의 길, 내려놓고
푸줏간 쇠갈고리에 뒷다리가 걸리던 날
아침 해는 여전히 동산 위로 떠오르고
길섶 풀잎들도 파랗게 나풀거렸다

쓰윽 쓰윽~ 숫돌에 칼날 서는 소리가
가까워질수록 두 눈만 자주 껌벅거릴 뿐
그가 할 수 있는 일은 아무것도 없었다
피비린내 진동하는 영축산 아래 샛터 도살장
일말의 동정심도 주저함도 없이 내리친
도끼질에 내장을 쏟아내고 사지가 잘려서
수북이 소달구지에 실려 푸줏간으로 떠났다

그 해 아버지는 장날 새벽마다
두루마기를 차려입고 도살장으로 가셨다

눈알을 치켜뜨고 숨을 거두는 암소 눈처럼
두 눈에 핏발을 세우고 갈라진 뱃속에서
쓸개를 빼내어 짚 끈에 묶어 들고 달려오셨다

그 늙은 암소 쓸개물이 조금씩 종지에 담겨서
아침마다 내 목으로 다 넘어가고 난 후 다시
아버지는 스물일곱 번 도살장으로 달려가서
스물일곱 마리 소 뱃속에서 쓸개를 빼내어
잦은 병치레로 비실거렸던 막내딸에게
맵고 쓰고 지린 쓸개 물을 지키고 먹였다

내가 눈물로 먹었던 그 쓸개 수보다
더 많은 수십 년의 세월이 흘렀다
이제 새끼 다 뺀 암소 뱃가죽처럼
축 처진 내 배를 쓰다듬어 본다
꼴깍, 쓴물이 목으로 넘어온다 그렇구나!
아버지는 맵고 쓰고 지린내 풍기는 세상 속에서
올곧게 살아남아야 한다고 하신 게로구나

그 늙은 암소가 걸어갔던 비릿한
무저항의 들길로 아버지가 오신다
소 쓸개를 들고…

석류

석류나무 밑에서는
진실을 논하지 마라

탐스럽다고
함부로 침 삼키지 마라

가녀린 가지 끝에 거꾸로 매달려서
생살 찢는 고해
대장간 모루 위에 놓인
새빨간 쇳조각처럼
아플수록 거룩해지는
내 어머니 부끄러운 속살처럼
알갱이 알갱이마다
새롭게 열리는 세상

석류나무 밑에서는
아무도 큰소리 치지 마라

칡넝쿨 그리고 나

그 사람 집으로 가는 길은
시오리가 넘는 산길이다
염천 햇살에 지쳐 길바닥에 털썩
주저앉은 내 엉덩이에 깔려버린
칡넝쿨들, 일렬횡대로 줄을 서서
어디로 가는 것일까

뱀같이 기다랗게 누워 있는 길
길은 또 첩첩산중인데… 뜨거운 맨땅에
하얀 아기손가락 같은 여린 칡 순들이
고개를 꼿꼿이 세우고 기어가고 있다
저 가상한 힘이 어디에서 나오는 걸까

살고자 하는 그 본능적인 촉수만으로
촉석루 기둥처럼 굵은 심지의 기둥을 세우고
내가 어머니 양수 속에서 헤엄을 쳤듯이
산도 나무도 꽃도 한 포기 잡초마저도
축복하지 않는 척박한 이 세상 둔덕에

너도 나처럼 그렇게 태어났구나

컹! 컹! 들개가 짖는다

존재 없음의 존재감으로
삶의 고비를 넘어야 하는 것은
삼베 속곳 솔기같이 살을 파는 슬픔이다
그래서 아린 울음 시퍼렇게 울면서
사방팔방 손을 뻗고 허우적거리면서
죽자 살자 누구라도 친친 감는 것일까

왜, 나를 낳았느냐
죽여 버리고 말지… 패악을 부리다가
방문을 안으로 걸어 잠갔던 나
그때는 보지 못했다
몽당 빗자루보다 더 닳은 눈물방울들이
밤새도록 소리 없이 어머니 치마폭에
쌓이고 또 쌓이고 있었던 것을

땅 깊숙이 숨어 있는 칡뿌리를
다 뽑아내기는 어렵다 십중팔구
중간에서 끊어지게 마련이다
살아남은 뿌리는 깊은 상처의 아픔을 삼키며
겨울을 나고 또 봄이 오면
파란 줄기를 키워 세상에 내보낸다

나도 칡뿌리의 새순 같은 딸이었을까

칡넝쿨 같은 나
나 같은 칡넝쿨… 나는, 왜 진적에
칠월의 먼 산길은 초록이 깊고
더운 바람 불고 무섭고 쓸쓸하고… 그러나
걸어가면 가는 만큼 줄어드는 길의 이치를
왜 몰랐을까
칡넝쿨같이 질기고도 긴
생명의 비밀을 알아채지 못했을까

회상 1

무엇이었을까? 그것이
그 봄날 툇마루에 걸터앉아서
깡쇠주 마른 잔에 연거푸 술을 들이붓던
아버지 그 의문의 세계
무심한 자식들은 그 마음 헤아리지 못하고
바람처럼 달빛처럼 스치고 말았다
감꽃이 그렇게 서러웠던 것도
보릿고개 넘기가 그토록 힘겨웠던 것도
한낮 내내 울어대던 노고지리 울음도
푸른 희망가로 들었다는 것도
아버지 그 억센 갈퀴손의 깊은 세계… 몰랐다
그것은 아무것도 바라는 세계가 아니었고
말로써는 어떠한 표현도 할 수 없고
그 무엇과도 견줄 수도 시늉도 할 수 없는
그러한 숭고한 세계가 아니었을까?

화엄의 바다 같은

회상 2

어느 봄날 오후
검은 중절모를 벗어 두 손에 감싸들고
밥 한술 얻어먹을 수 있겠냐며
엉거주춤 자세로 조심스레 들어서던
이목구비가 반듯한 양복차림의 젊은 남자
마루에 차려놓은 밥상을 굳이 마당에 내려놓고
낯을 붉히며 수저를 들던 사람
어머니는 혀를 끌끌 차며 저렇게 잘생긴 청년이
무슨 죄가 있어 몹쓸 문둥병에 걸렸노

잊을 만하면 찾아오고, 올 적마다
점점 누추해지고 일그러지던 행색
비뚤어져 가던 입술

한동안 오지 않아 궁금하던 추운 겨울날
동네 잔칫집 문둥이패들 속에서
웃고 떠들다가 나와 눈이 딱, 마주치자
쨍그랑~ 막걸리 사발이 땅바닥에 떨어졌다

그 후 다시는
어느 잔칫집에서도
그의 모습을 찾아볼 수 없었다

자목련 잎이 떠나간다

그 집 화단에 서 있는 자목련 나무가
유달리 큰 잎을 키운다는 비밀을
나는 알고 있다 가지마다 자줏빛 꽃봉오리
살며시 밀어올리며 고고한 자태로
정염을 불사르던 꽃불은 지고
싱싱한 초록 잎이 출렁거리던 여름도 가고
속절없이 낙엽 되어 우수수 떨어져 있다
소신공양 행하는 비구니스님처럼
가을볕에 몸 말리고 있는 낙엽들
얼굴빛이 창백하다 이 세상에는 수월하게
생을 마감하는 것은 아무것도 없다
이리저리 뒤적거린다 비바람에 찢어진 잎
벌레 구멍 총총한 잎 밟혀서 짓이겨진 잎
고달팠던 생의 흔적들에게 이제,
성대한 부활의 장례식 준비를 해야 한다

채곡채곡 책갈피에 넣어 둔지 한 달여 만에
노르스름한 빛으로 바삭하게 마른

자목련 잎 미이라가 탄생되었다 나는
향 물로 마지막 목욕을 시키듯이
화장을 시키고 수의를 입히듯이
잎 잎마다 아름다운 詩 구절들을
또박또박 정성스레 적어 넣는다
다시 태어난 얼굴, 코팅지로 염을 하고
하얀 봉투에 입관시켜 치성을 드린 다음
나는 혼자 관을 들고 칼바람에 울고 있는
어미나무 앞에 서서 묵념으로 노재를 지내고
우체국에 들어가 장례식 절차를 밟는다
내 딸이 빠져나간 주민등록등본에
붙어 있는 인지처럼 유토피아 행 우표 티켓
관머리마다 하나씩 붙여 주고 돌아오는 길
하늘에 길이 환하다

보길도 가는 길

바다를 밟고 걸어간다
바다를 깔고 누워 있다
나는 섬이 된다

살다가, 해남 땅끝에 와 있는 것처럼 더는 갈 수 없는 끄트머리에 서게 되면 누구나 가슴에 섬 하나씩 들어앉기 시작한다 섬은 심중의 바다 물결에 밀리어 이리저리 부딪혀 마음을 부수며 아픔을 준다 산다는 것은 가슴에 섬 하나씩 만들기도 하고 허물기도 하는 일이다 섬과 섬 사이를 사력을 다해 건너뛰어 보지 않았던 사람 어디 있을까 고달프고 외롭고 춥고 배고프다 그래서 우리는 또 다른 섬을 그리워하며 찾아 나선다 가슴에 빗장을 풀고 맺힌 어혈 다 쏟아버려도 좋을 울창한 푸른 숲의 섬이었으면 좋겠다 뿌우 뿌우~ 섬 하나가 가만히 일어선다

파도의 詩

보길도 동쪽 깎아지른 암벽에
송시열 글씐바위 詩문을 보고 와서
동백섬 해안 절벽 끝에 작심으로 앉았다

– 꼭, 詩 한 수 건져 내야 될낀데…

고심하고 있는 사이

– 詩는 요렇게 가식 없이 쓰는 기라요,

파도는 하얀 원고지 갈피마다 넘기며
내 코앞에 펼쳐 놓고 보여 주다가
또르르 말아서 바삐 떠나간다
보길도로 가는 걸까?

에이! 또 글렀네,

공룡 알을 낳다

보길도 뾰족산 아래
뽀래기 갯돌밭*에 앉으면
누구라도 아랫도리를 벗고
공룡 알을 낳는다

철썩철썩 쓰다듬는
파도 산파 손길에 스르르 풀리는
만삭의 몸들

안고 일어서지도 못할 거대한 알을
해변 가득 숨풍 숨풍 낳아 놓고
어미는 어디로 마실 나갔나?

시월 붉은 햇살에 따뜻해진
공룡 알 하나 내가 품고 누웠으니
살그머니 속곳을 들추는
예쁜 아기공룡

*뾰족산 뽀래기 갯돌밭 : 보길도 보죽산 공룡 알 해변

저 파도와 같이

파도는
본래의 자리로 돌아갈 줄 안다
천만 번 철썩이고 출렁거리다가도
때가 되면 잠잠해진다
그것은, 겸손이고 여유이고 행복이다
사멸이 아니라 생성이다
영원한 것은 존재하지 않는다지만
사라짐도 없는 것이다

우리는
저 파도와 같이
가식 없이 춤추고 노래하지 못하는가?
시간을 버리고 사연을 버리고
파도가 물의 그 바탕색으로
되돌아가듯이 사람도
사람의 자리 그 마음 본래의 자리로
순백의 모습으로 돌아갈 수 없을까

그런 날이

살다가
그런 날이 있지

죽어도 좋겠다는
생각이 간절한 날이
행복에 겨워서도 슬퍼서도 아닌데
그냥, 죽는 것이 사는 것보다
더 감칠맛이 나겠다고 느껴지는
그런 날이 있지

내가 오늘 제주행 여객선
뱃머리에 서서 겨울바람 냉기가
뼈 속으로 파고들면 들수록
풍덩! 물고기 밥이 되고픈
이 밤바다의 유혹, 출렁출렁 파도에
비문을 새겨 넣는 나의 마음처럼
그런 날이 있지

제주행 3등실

3등실은
흔들린다, 요람을 탄 듯이
파도에 배가 뒤뚱거릴 때마다
물고기 지느러미처럼 하늘거리는 팔다리
흔들림에 몸을 의심도 없이 맡겨 놓고
누운 사람 앉은 사람
3등실 풍경은 한가롭다

나 어릴 적 꿈은
운동회 날 팔뚝에 3등 도장 하나 찍히는
소박한 꿈이었는데… 별도 없는 하늘
늦가을 뱃전의 밤바람은 춥다
같은 시간 같은 물길 따라
똑같은 제주행 여객선을 타고 가는데
문을 잠그고 기척도 없는
저 침묵의 일등실, 저곳은 따뜻할까

야! 그래도 3등이다 나는
결선 점을 향해 힘껏 뛰었다

도라 전망대에서

신분증을 맡겨 놓고
버스 자리표가 목에 걸리는 순간
전율로 느껴지는 싸늘한 긴장감
군사분계선 통제구역 565미터
표지판을 넘고 들어서니
꽃 떨어진 하얀 억새대가
죽창처럼 서서 무섭게 노려본다

우거진 나목들 가지마다 휘어지는
칼바람 속의 비무장지대
오백 원짜리 동전 한 닢 망원경에 넣고
바라보니 바로 코앞이 북녘 땅
인공기가 펄럭이는 저곳에도
내가 서 있는 도라 전망대에도
지금은 소리 없는
함박눈만 펄 펄펄 내리고 있다

민통선 기러기

넘어갈 수 없는 땅
막막한 길을 물어 처음 찾아왔는데
푸드득! 한무리 기러기들이
꼿꼿이 깃털을 세우고 눈알을 부라리며
앉았다 날아올랐다 길을 막는다
병사 철모 같은 깡통 주렁주렁 매달린
삼팔선 철조망을 무시로 넘나들고
030* 표시 위도 빙빙 자유 선회하면서
서슬이 시퍼런 민통선 기러기들
돌아보면 아픔의 길 그리움의 길
죽음처럼 멈춰버린 눈 덮인 하얀 산야
아, 멀고 멀어라
경계선 없이 넘나드는 저 기러기들은
통곡의 그 세월을 알고 있을까

*030 : 비행기 금지구역을 표시해 놓은 곳

자유의 다리에서

한 발 두 발…
불과 몇 십 보를 가다가 가로막힌
자유를 저당 잡힌 자유의 다리
태산같이 높은 이념의 다리 난간을 잡고
나는 말을 잃고 썩은 나무둥치같이 멍하니
아득한 북녘 하늘만 바라본다
총알이 빗발처럼 쏟아지던
백마고지 전투에서 다리를 잃고 왔던
당숙의 얼굴이 아프게 떠오른다
산새들만 넘나드는 피맺힌 철조망에
치렁치렁 매달려 있는 소원 적힌 리본들
붉고 푸른 천 조각에 무거운 내 마음
참담한 행적을 가만히 적어 본다

왔다가 막혀서 돌아가노라고…

산이 내게

산이 내게 말을 합니다
언니는 두 되도 넘게 주운 도토리를
나는 반 되도 못 줍는 굼뜬 행동에
쯧쯧, 저 어리버리 빙신~ 하고 놀립니다
미끄러져 찧는 엉덩방아에 하하 웃고
저기! 뱀 나온다~ 겁을 주며 즐거워합니다
산 타기 초보인 걸 다 알고 있습니다
가을 단풍같이 사람사람 색색으로 물이 들고
채석강보다도 더 층층 구별도 많은 인간 세상
사는 것이 여자 얼굴에 화장을 하는 것만큼이나
위장술에 이골이 난 사람들일지라도
이 산에 와서는 허튼짓 어림도 없습니다
산이 빤히 다 보고 있습니다
산이 훤히 다 알고 있습니다

야호! 하니 산이 바~보 하고
졸졸 따라다니며 나를 놀려 먹습니다
젠장, 이러다간
도토리묵 먹기는 다 글렀습니다

고추잠자리

파아란 하늘빛이 실개천에 어리면
뒷마당에 모여든 고추잠자리들
고추잠자리끼리 즐겁다
꽁지에 오색 물감 탱탱 싣고 와서
산에도 들에도 우물가 능수버들 잎에도
사랑채 앞 모과나무 큼직한 열매에도
곱디고운 색칠을 해주고 있다
비단 날개 프로펠러 쉼 없이 돌리며
살금살금 가을을 부려 놓고 떠난다

꼭, 이맘때만 되면
아무도 모르게 누가
하늘을 높다랗게 밀어올리고
산천을 불꽃처럼 물들여 놓는다고 하던데…

아하! 바로 너였구나?
고추잠자리

긍정의 의미

세월이 접힌다는 것은
남편의 고물 자전거처럼 거부감 없이
받아들여지는 익숙함이다
쉴 새 없이 바퀴살을 돌리고
짐받이에 낯선 것들을 싣고 내리다가
결국은 텅 빈 자전거
오천 원짜리 자물쇠를 물고
구석진 아파트 그늘에 서 있는 것이다
보거나 말거나
하회탈을 쓰고서
이따금 툭툭 먼지를 털고
허허허 웃으며
눈 익은 길로 달려보는 것이다
바람이 부는 대로 흘러가 볼 일이다

시그리*가 이는 해변

밤바다에 뛰어들어
파도를 걷어차면 파란 물방울이
츄륵~츄륵~ 일어나던 시그리 불빛
오늘 밤, 그 바다에 다시 가 보자

사랑을 위해 사랑을 했던 곳
아픔을 위해 슬퍼했던 곳
무딘 세월도 떨쳐 버릴 수 없어
심지를 돋우며 태웠던 그리움

아직도 남아 있는 사랑을 위해
찰방찰방 파도를 걷어차 보자
등이 푸른 추억들이 나를 반기는 곳
가 보자, 시그리가 이는 해변으로

*시그리 : 밤바다 물을 치면 일어나는 시퍼런 불빛(지금은 바다가 오염 되어 보기 어렵다)

겨울 낙엽

멍에를 벗어 놓은 침묵들입니다

보내지 못한 얼룩진 연서입니다

젖은 가슴들의 무덤입니다

격랑 속을 건너는 바람입니다

긴 이야기 풀어낼 실꾸리입니다

귀신들은 뭐하노

자전거를 타고 가는 노인을 승용차가 뒤에서 덮쳤다
사고가 났다 대낮에 도시 길에서 사람들이 모여들고
병원에 가자는 운전자에게 노인은 피가 줄줄 흐르는
무릎을 잡고 뼈도 부러진 데 없고 상처도 깊지 않다고
손사래를 치며 간밤에 시끄럽던 꿈땜 한 것이라 했다

젊은 양반 그냥 가소
이그는 아까진기만 바르문 낫는다

처자식에게도 알리지 않고 노인은 혼자서 하루 이틀
통원 치료를 받다가 결국 병원 침대에 누워 버렸다
그런데 그 젊은 양반은 진술서에 노인의 자전거가
신호 받고 있는 자기 차를 그냥 와서 콱, 박았다 했다
그곳에는 씨씨티브이가 없었다. 배신감 원통함에
우는 사람이 이 세상에 어디 이 노인뿐이랴

아이고! 귀신들은 뭐하노
이 빙신을 빨리 잡아가지 않고…

2

천년의 소리

가덕도 시편 1

섬 하나가
아프게 팔을 내밀었다
육지로 이어진 그의 슬픈 팔을 밟고
사람들은 신나게 오고 가고 있다
이제 가덕도는, 섬이 아니다
새벽닭이 홰를 쳐도
노을빛 파도가 넘실거려도
축간으로 달려갈 뱃사공도 없겠다. 이제는

낯익은 얼굴끼리 반갑다 손잡고
어이, 소주 한 잔 더 하고 가세
안주 멸치 손에 쥐고 쪼그리고 앉던
질펀한 선착장 그 정도 떠났겠다. 이제는

부둣가에 서서 임의 모습 고대하며
낮은 목소리로 작은 몸짓으로 기다리던
살갑던 수줍음도 분홍빛 내 가슴도
죽었다. 이제는

아! 가덕도여…

가덕도 시편 2

섬 하나가
너그럽게 가슴을 풀었다

내복 솔기에 이처럼
벼랑 틈서리마다 솔솔 기는 낚시꾼들

가덕도 옆구리에 찰싹찰싹 붙어서
바늘로 바다를 무한정 찌르고 있다

시린 가슴 열어 놓고
한평생 아프게 살아갈 심산인가?

이제, 섬보다
낚싯대가 더 크다

가덕도 시편 3

바다가 시작되는 섬 끝자락
낙락절벽 위 수십 미터 등탑
꼭대기에 올라서서 해무에 휩싸이는
수평선을 바라본다, 바다 저편
대마도가 숨고 옥포가 숨고
거대한 거가대교 난간도 숨고 있다
서서히 빠져드는 몽환의 바닷길
등대는 휘익~휘이익~ 불빛을 뿌리면서
무신호를 울리며 뱃길을 알리는데
흩어졌다 쌓이는 짙은 해무 속에
가랑잎처럼 동동 자맥질하고 있는
… 저 낯익은 여자
남루한 생의 보따리 무겁게 이고 있는
내 어머니를 닮은 여자
자꾸만 발길을 잡는다
아, 가덕도 바다는
물고기 지느러미처럼 흔들리는 슬픔이다

가덕도 시편 4

섬을 한 바퀴 돌다가
미역 망태를 무겁게 짊어지고
언덕 비탈길로 들어서는 노파에게
– 할머니 그 미역 좀 팔고 가이소
길바닥에 내려놓은 싱싱한 미역 망태기
– 미역 우째 팔낍니껴?
– 가갈만큼 가가고 알아서 돈 주소
엉거주춤 서 있는 우리 일행을 보고
– 아이고~ 묵을만큼 가가라 카이~
비닐봉지에 가득가득 담아 놓고 또, 주춤하니
낚아채듯 천원 지폐 두 장만 집는다
– 할머니 이래 받아가꼬 됩니꺼?
– 안되지러~ 인자 이 섬이 울매나 약아짔는데…
그래도… 내사 안변하지러~

그 말씀에 꽃이 피는 봄날이다

가덕도 시편 5

두레박을 잃은
붉은 벽돌 우물, 그 우물을 끼고 아직도
살아 있는 일본 군인 함석 막사들을 지나
칠월 한낮 외양포로 가는 길
풀을 뜯는 염소들이 한가롭다
나지막한 언덕 너머 후미진 곳
일본군의 비밀요새가
사령부 발상지 표지석을 꼿꼿이 세우고
먹구렁이 똬리를 틀고 나를 노려본다
수많은 사람들이 부역*으로 끌려와서
병기를 만들고 포대 벙커를 짓던
치욕의 흔적들이 고스란히 남아 있는 현장
외양포 바닷가 몽돌 속에 묻혀 있는
화약처럼 들추면 돋아나는 슬픈 기억들
눈물도 억울해서 쏟지 못하고 가덕도는
철썩철썩 제 몸만 때리고 있다

*부역 : 일제시대, 일본인들이 우리에게 보상 없이 강제로 시켰던 노동의 이름

가덕도 시편 6

비단결 물너울이
숭어 떼 비늘처럼 은빛으로
봄바람에 반짝거리며 다가온다
언제나 물길을 헤쳐 가야만 만났던 섬
그 곳을 나는 지금
차를 타고 쏜살같이 들어서고 있다
급변하며 달려가는 세상
같이 변하자, 손잡고 달려가 보자는
달콤한 꼬드김에 견딜 장사가 없듯
창날 같은 절개를 고집할 순 없지만
아쉬운 마음 가덕도 바다보다 깊다
솟구쳐 오르는 물고기가 똑같고
나울거리는 해초가 변함이 없어도
청결한 무명옷에 얼룩이 베이는 것처럼
조금씩 닮아지는 그 모습 눈에 선하다

그래도, 봐야 하겠지요?
당신 향한 내 사랑이 두텁기에

가덕도 시편 7

삼대 부자가 없고 삼대 거지도 없다는 우리 조상님들의 말씀이 해풍에 실리어 아득히 들려온다 싱그러운 칠월 초록 숲속에서 위풍당당 198계단 튼실하게 세우고 하늘에 닿을 듯이 우람하게 서 있는 신등대 곁에 일손을 놓고 콧대를 낮추고 동그마니 앉아 있는 100세를 넘긴 허리 굽은 작은 등대, 머리에는 어여쁜 오얏꽃을 새기고 수심에 잠긴 듯 운무자욱한 바다를 미동도 없이 바라보고 있다 무엇을 생각하나? 아직도 떠나 버린 옛 주인을 목메어 부르며 그리워하는 걸까? 설운 망부석 되어 또 한 백년 세월을 살아가길 꿈꾸는가? 운무가 걷힌다. 명료한 하늘이 높다랗게 열린다 푸른 물결 위 갈매기 날개도 힘차다 앞뜰에 서 있는 젊은 동백나무는 서기 2103년 6월 3일에 열리는 타임캡슐을 품에 안고 수문장으로 서서 후일 내가 존재하지 않는 세상속에서도 백 년 바람 가르며 가덕도 등대를, 가덕도의 역사를 지켜나갈 것이다

킬링 필드

와보기만 하면
쓸 줄 알았다
누에고치에서 실이 뽑혀 나오듯이 줄줄
장엄한 역사의 詩
멋지게 뽑아낼 줄 알았다 그러나
콱, 목 줄기가 타며 막혀 오는 절망
내가 갈망했던 그것이 얼마나
황망하고 무례하고 외람된 무식의 소치였던가
나는 빈 노트만 만지작거린다

뻥 뚫린 눈과 입
사골 빼고 남은 곰 솥 안의 뼈처럼
수북이 쌓여 있는 허연 뼈 무더기
저, 많은 유골들의 소리 없는 통곡을
누가 감히 어떻게
무슨 필설로 엮어낼 수 있겠는가?
그토록 참혹하게 사람이 사람에게
동족에게 무참히 자행했던

살상의 죄 값을 치르게 할 수 있을까?

지식인이라는 이유로
승려라는 이유로
안경을 썼다는 이유로
배가 나왔다는 이유로
시계를 차고 있다는 이유로
손이 곱다는 이유로
hey라고 불러서 돌아봤다는 이유로
그 많은 이유들의 자식이라는 이유로

어른 아이 남녀 구별 없이
쇠막대기에 맞아서 죽고
바나나나무 줄기에 목이 베이고
바위에 내동댕이쳐져야 했고
깊은 구릉 속에 생매장을 당해야 했다
그들은 모두
사람도 아니었고 짐승도 아니었다

잠깐의 눈빛으로도 한걸음으로도
다가갈 수 없고 바라볼 수도 없는
막막하고 슬픈 먼 곳 저들의 영역
저, 벌거벗은 영혼들에게 지금 내가
어떤 위로의 마음을 전할 수 있겠는가?

그저 한없이 서서 묵념만 할 뿐

언제 그런 일이 있었느냐는 듯이
위령탑 앞에서
손톱 밑이 까만 아이들이
해맑게 까르르 웃으며 뛰놀고 있다

천년의 소리

앙코르와트 사원 석창 틀에 올라앉아
비 오듯 쏟아지는 구슬땀을 식힌다
행여 들릴까? 굵은 돌기둥에 귀를 대고
까마득한 세월의 바람 소리를 들어본다
들리듯 말듯 가슴 흔드는 기척
똑똑 석문을 여는 노승의 목탁 소리
간간히 들려오는 진군의 나팔소리… 뚝,
그만 멈춰 버린다 그래! 몰랐구나
기나긴 역사의 소리, 천년의 소리가 그렇게 쉽게
내 귀를 열어줄 수는 없다는 것을… 몰랐구나
가파른 계단을 타고 신전에도 올라가 보고
회랑마다 구석구석 살펴보고 다 둘러보아도
귀도 눈도 다 까맣게 멀어서 우두커니 서 버린
아름답고 웅장한 불가사의 신화의 사원
끝내, 한 말씀의 소리도 들어보지 못하고
나는 더듬더듬 해자를 건너 돌아간다

부활의 도시

폼페이* 원형극장
돌계단 관람석에 쪼그리고 앉아서
어느 파란 눈의 여행객 소프라노를 듣는다
노래는 뻥 뚫린 천정을 솟구쳐 올라
은빛 부챗살로 퍼져서 사방으로 날아간다

향락에만 빠진 몽매한 인간들에게
신이 내린 서슬 퍼런 꾸짖음의 현장
– 영원한 것은 아무것도 없다, 는
명언을 남기고
베수비오 화산은 폼페이를 묻었다

그러나 그들은 살아 있었다
신전의 위엄도 길모퉁이 벽의 낙서도
그림과 조각, 극장 선술집의 화덕도…
이천여 년 죽음의 세월을 헤치고
뼈를 곧추세우고 생생히 살아 나왔다

멀리 베수비오 산은
아직도 펑펑 연기를 뿜어 올리고 있는데
사람들은 즐거이 카메라 셔터를 누르고, 나는
부활의 도시 후미진 좁은 골목길을 걸으며
까마득한 시간 속으로 빨려 들어갔다

*폼페이 : 이탈리아 남부. 2000여년 만에 발굴된 고대 도시

활화산의 신비

천길 구릉 속
비취빛 알몸을
드러냈다 감추었다
애지랑을 부리네

바람이 사람의 발길을 쥐락펴락하는 나무 하나 없는 돌무더기의 삭막한 민둥산 화산분지에 예쁜 여자가 찾아오면 바람으로 옷자락 날리며 은밀한 그곳을 슬쩍슬쩍 은근히 자랑하고 보여 주지만 멋진 남자가 오면 하얀 연기 속으로 몸을 숨기고 바람에게 돌팔매질 시켜서 쫓아버린다는 질투장이 *아소산 분화구 삼천만 년이나 끓어오르고도 아직도 연기가 솟구쳐 오르는 활화산 높은 난간을 잡고 목을 빼고 분화구를 한참을 내려다보노라니 아! 드디어 연기가 회오리쳐 날아가고 선명히 보이는 오묘하고 아름다운 신비의 결정체 분화구에 고인 비취빛 물결, 진동하는 유황 냄새 눈을 비비고 아기 주먹만한 화산 석 하나 슬그머니 호주머니에 감추고, 언

니야! 내가 미인인 줄 쟈가- 알아보네, 그래서 저래 몸을 뵈준다 아이갸… 나는 능청을 떨었다

*일본에 있는 활화산

일몰 1

황토 빛 물결 위에 목선을 띄워 놓고
유유자적 몸을 풀고 일몰을 기다린다

고무신짝만한 쪽배를 타고 날쌔게 달려와서
일 달러를 외치고 돌아가는 톤레샵의 아낙네들
바쁘구나, 어디에서나 삶의 길이란
깨어 있는 숭고한 몸부림이구나
칠월 땡볕 아래 콩밭 매던 내 어머니의
푸른 밭고랑도 넘실넘실 출렁거린다
산다는 것은 고해 바다를 헤엄쳐 건너가는 것
그리하여 세상은 살아 숨쉬고 흘러가는 것
저 해가 저물면 마감되는 내 하루치의 행복
흔들리는 나무 쪼가리 의자에 걸터앉아
호기를 부려 보는 이 낯선 여유로움
참, 보기가 좋다 언제 또다시
이런 나의 풍경의 모습을 내가 볼 수 있을까

아! 아직도 해는 중천에 떠있다

일몰 2

몸이 반쯤 물에 빠져서
붉은 거품 게워내며
자맥질하고 있는

저, 해

실한 밧줄 하나 있으면
던져 건져 올릴 걸

냉기 서린 우리 집에다
갔다 걸어 놓을 걸

바다같이 넓은 톤레샵 호수

이방인은
속수무책 손 놓고
슬프게 짓는 물 무덤만 바라보네

일출

얼마만인가!
저토록 별이 많은 하늘을 본 것이

툭툭이*를 타고 어둠을 헤치며
앙코르와트 사원 일출을 만나러 가는 길
신새벽 바람은 싱그럽고 보드랍다

사원 앞 호숫가에 앉아 일출을 기다리며
저 별은 북두칠성 저 별은 금성…
서른도 훌쩍 넘긴 딸내미 어깨를 감싸 안고
가르쳐 주는 어미의 가슴은 따뜻하다

발끝에 맑은 해자 물을 휘어 감고
오렌지 빛으로 점점 밝게 다가오는
고요한 신비의 성지
아, 경이로운 앙코르의 아침

*툭툭이 : 오토바이에 인력거를 매단 차

카라꽃을 뽑으며

물속 깊이 손을 넣고
쭉— 꽃 하나를 뽑아 올렸다
긴 초록 줄기에 새하얀 꽃
대만, 어느 심산계곡
몇 천 평도 넘는 카라꽃 화원
상긋한 꽃향기가 천지를 휘감는다
열 송이만 뽑아 가란다

— 너는 어찌 내게로 왔니?
— 다 인연입죠,

갸름한 얼굴 또르르 말고
내 품에 안기는 지고지순의 순정
명주저고리 앞섶같이 보드라운 꽃
나그네 발걸음을 붙잡는 꽃
그 님같이 어여쁜 꽃
아, 어찌 잊을꼬?

부활초*를 보다

뿌리가 뽑힌
가시목 다발 같은 풀 한 포기가
티브이 화면 가득 클로즈업 되다가
끝없이 쌓여 있는 모래언덕을
쉴 새 없이 바람에 굴러다닌다

사하라사막
그 죽음의 열기 속 나침판도 없이
얼마나 긴 세월 고통의 길을 걸었기에
와싹, 바스라질 듯 하얗게 색이 바래고
공처럼 몸이 동그랗게 말렸을까

풍운아처럼
머문 곳 흔적 없이 한 백 년 떠돌며 다니다가
어느 날 하늘이 무너질 듯 천둥이 울고
세찬 빗줄기가 쏟아져 내리면
질펀히 물이 고인 생명의 터를 만난다

춤을 추듯이
나직이 줄기를 풀어 내리면, 금시
파릇파릇 새잎들이 돋아나오고
영롱하고 예쁜 꽃 신비롭게 피우다가
꽃이 지고 열매를 맺고 또, 하늘을 본다

허나 그곳도
결코 오래 몸 뉠 곳이 아님을 그는 안다
모래 숲에 태양이 뜨겁게 불을 지르면
몸을 다시 접고 뿔뿔이 흩어지는 이별
아아, 가슴 닳아지는 기다림의 슬픔

그의 눈빛은
영롱하게 빛이 난다 절명의 위기에도
마법처럼 살아나는 생명이기에
태양의 땅, 사하라는 영원하다
부활초의 생애는 뜨겁다

*부활초 : 백 년을 죽어 있다가도 비를 만나면 다시 살아나는 사하라사막의 식물

부용화가 젖는다

비는 내리고
잔잔한 강물 속으로
스며드는 저녁나절

구포 강둑 곁으로
자동차는 줄지어 달리고
장밋빛 부용화 내 마음 잡는다

떠남을 예시하며
영원을 만나러 가는 길
가슴속 꽃 한 송이 피우러 가는 길

비밀의 풍경 속으로
추억 녹아들고 그윽한 향기
부용화가 젖는다

가을 소리

깊은 밤
잠은 멀리 달아나 버리고

달빛 추녀 밑에
아린 추억 낙엽 되어 쌓이는데

사방을 둘러봐도
간데없는 그 얼굴 바람에 날려가고

어디서
귀뚤 귀뚤 귀뚜르르…

적요한 가을 소리
곡비 울음처럼 구슬프고 낭낭하다

동지팥죽을 끓이며

폭닥 폭닥 소리를 내며
끓고 있는 팥물 속에서
동동 떠오르는 새하얀 나이 알들

나이 알 하나하나에서
들려오는 세상 속 바람소리
한숨바람 눈물바람 웃음바람…
산다는 것은 부대끼며 폭닥거리는 것
애환의 실타래가 가슴에 사려 앉아
팥죽 누룽지처럼 짜글거리며
까맣게 까맣게 타들어 가는 것

팥죽 한 그릇 성주님께 올려놓고
청청한 솔가지 팥물을 듬뿍 찍어
사방팔방 휘익~휘익~ 부정을 친다
아, 그러나 밀어낼 수 없는 세월
곰삭은 시절이 사방으로 튄다

여보게, 서러워 말게
나이는 먹어 가는 것이 아니라
포도주처럼 익어가는 것이라고 하지 않았던가?

둥지

낡은 둥지에 눈 먼 새처럼
한 곳에서만 맴을 돌고 있는 외로운 사람
단종의 유배지 청령포와 같이
보이지 않는 도시 속 강물에 갇혀 있다
엎어지면 코가 닿을 곳곳에서는
날마다 풍악 소리 웃음소리 요란하고
세상은 날개를 달고 훨훨 날고뛰어도
목을 빼고 오지 않는 새끼들을 기다리고 있다
지친 삶에 오장육부가 눌려 낡고 닳아서
문드러지고 줄줄 진물이 아프게 흘러내려도
그래도 좋은 일도 웃는 날도 있었노라고
허~ 하게 웃는 주름진 얼굴

그 영혼이 묻힐 낡은 아파트
창문에도 하나둘 환하게 불이 켜진다

자화상

나를
그리려고
거울 앞에 앉았다

어라!
내가 없네

주름살 투성이
엄마가
나를 보네

꼭, 그때
그 모습이 내게로 왔네

그 흔적
그리움에게
연지곤지 찍어준다

밤하늘에 띄우는 겨울 편지

찬바람이 불어와서 낙엽이 휘날려서
옷깃을 여미며 당신을 잊었습니다
막내딸 요강을 도랑물에 씻다가 얼어터진
손 마디마디에 무명실로 찬찬 감던
그 손가락마저도 잊고 살았습니다

어머니는 회갑 년에 세상을 하직하여도
억울한 나이가 아닌 줄로 알았습니다
겁도 없이 손을 놓고… 봉분을 만들고…
당신의 피가 영원히 내 가슴속으로 따뜻하게
흐를 것이라고는, 정말 그때는 몰랐습니다

육십 두 번째로 맞는 선달 열사흘
부황 든 몸으로 일곱 번째 자식인 나를 낳고
윗목으로 밀쳤던 슬픈 내 어머니의 밤입니다
자꾸만 가슴이 무너져 내립니다 어머니!
아무래도 오늘 밤 소낙비가 올 것 같습니다

3

님을 찾아서

봉정암* 가는 길 1

삼색 과일
곡주 한 잔
서리 내린 초입 길 가운데에
정성껏 차려 놓고
설악계곡 물처럼 청정한 몸 되어
산신님께 삼 배를 올릴 때
이미 봉정암은 내 앞에 있었다
한 걸음
한 걸음
걸음마다 밟히는 것은 낙엽들
그래, 비워내는 것이다
저- 아득한
無의 낭떠러지에 서서
목이 쉬도록 울어 보는 것이다
속절없이 내 몸을 던져보는 것이다

*봉정암 : 설악산 소청봉 해발 1,244미터에 있는 암자

봉정암 가는 길 2

산은
올라온 만큼 보이는 것
우리네 삶 또한 그런 것
그래서 고전분투하며 걸어가는 것
숲길 자갈길 아찔한 다리를
숨 막히게 건너고 걷다가, 불현듯
만나게 된 유리구슬 같은 석간수
바위틈에서 내려오는 저 물줄기는
어디에서부터 시작되어 무슨 인연으로
흐르고 흘러가고 또 흘러와서
오늘 내게 마른 목을 축이게 하는가?
전율이 오는 아름다운 풍경
낙엽마저 꽃이 되고
바위마다 임이 되는 설악의 가을
아! 행복은 짧고
어서 가자 재촉하는 가을 해도 짧다

봉정암 가는 길 3

울창한 숲
치솟은 바위
갈수록 첩첩 산속
절로 감탄하며
관세음보살 외는데
허나, 나를 오체투지시킨 것은
꼬부랑하게 생긴 손가락만한 소나무 뿌리였습니다

탁구공 만하게 부어오른 왼쪽 눈을 감싸며
민망한 나의 불심 깨달았습니다
어릿어릿 흔들리는 희미한 산길
다람쥐 두 마리가 바스락 바스락
앞서거니 뒤서거니 낙엽 밟는 소리로
당달봉사* 같은 나를 안내하고 갑니다
저 두 마리 다람쥐가
부처입니다

*당달봉사 : 눈뜬 장님

봉정암 가는 길 4

집채만 한 바위들의 몸속으로
물이 흐르고 있다
아, 그렇구나! 바위들은
수수만년 물을 껴안고 길을 내어주다 보니
가슴에 깊은 홈이 파인 것이로구나
깊고 긴 바위 수로가 만들어진 것이로구나
모자를 벗고 엎드려서 손을 씻다가
물속에서 일렁거리는 굵은 손마디를 본다
주름진 내 어머니 얼굴이 보인다
아무리 힘들어도 참으라 한다
치열한 고행의 승자가 되라 한다
부어오른 퇴행성관절염 무릎에 붕대를
다시 고쳐 감으며 지나온 길을 돌아본다
안개 속에 파묻힌 첩첩길이 아득하다

봉정암 가는 길 5

마지막 관문
깔딱고개, 지옥고개
꿈에도 그리던 그곳을 향하여
험한 바위 틈새로 기어오른다
내가 알고 있는 세상의 일들이
나의 옷깃을 잡고 바둥거린다
앗, 순간 아래로 굴러 떨어진 내 몸

벗자
여기는 지옥고개가 아니다
탐, 진, 치 날려 보내는
사멸의 고개다
참회의 고개다
눈먼 중생에게 빛의 밧줄을 내리는
자비의 고개다

나는 이윽고 밧줄을 잡았다

봉정암 사리탑 앞에 서서

여기가
사바세계 종착점인가?

여기가
천상세계 시발점인가?

안개자락 들추고 나투시는
장엄하고 아름다운 충격의 풍광들
발 아래 두고…

아! 내 어찌
짧은 이 손가락의 필설로
표현할 수 있으리오

무량한 환희심만
천상과 사바를 넘나들고
설악 바람 속에
눈물만 뿌릴 뿐

봉정암에서는

봉정암에서는
모든 사람이 평등해진다
잘난 사람도 못난 사람도 구별이 없다
분노나 오해나 서러움이 없다
같은 설악의 길 굽이굽이 걸어와서
기러기처럼 줄을 서서 똑같이
오이 두어 조각 동동 뜨는
머얼건 미역국밥 한 그릇 받아들고도
머리를 숙이고 감사의 합장을 한다
선방에 모여 쪼그리고 앉아서 날밤을 지새워도
불평의 말 한 마디도 나오지 않는 곳

나를 풀어놓고 눈을 감으니
세상을 다 버린 것 같다
세상을 다 얻은 것 같다
봉정암에서는
누구나 자비로운 부처가 된다

봉정암의 밤

산새들도
잠이 든 대웅전 처마 위로
휘영청 달빛 타고 낙엽비가 내린다

별들도
불경소리에 합장하며
살포시 나려 앉고

촛불도
제 몸을 다 태우며
밤을 꼬박 지새우는데

나는 한 웅큼
업의 때도 벗겨내지 못한 채
목탁 소리 따라 고개만 끄덕인다

님을 찾아서

칠월염천 계곡 물소리는
노승의 서릿발 화두처럼
콸 콸콸~
거침없이 힘차게 깊은 소리로 흐른다

당신을 기다리면서
날마다 날마다 낡아갑니다*
그 절창의 시어 인연에 홀리어
나는 고적한 여름 백담 산길을 걷는다

침묵의 아픔이 얼마나 깊었기에
이별의 그리움이 얼마나 사무쳤기에
패이고 또 패이고 닳고 닳아서 저렇게
백 개의 하얀 담이 생겨났을까

초록에 휩싸인 외로운 길
산은 아직도 첩첩인데
물소리 바람소리 새소리… 설악의 소리가
만해의 나라로 나를 인도한다

*한용운의 시 「나룻배와 행인」 한 구절

사리암에 가서

초록을 듬뿍 뿌려놓은 산속에
부처님 계시고
오를수록 내 안에서
달그락거리는
밥그릇 국그릇 숟가락들…
치렁치렁 매달린 무거운 사바 고뇌
떨쳐버리지 못하고
뒤돌아보는 산허리
유월 바람 설웁다
더듬더듬 봉사걸음으로
사리암 독성각에 서서
그때처럼 티 없이
하얗게 나를 벗겨 주십사고
가벼운 옷 입혀 주십사고
나반존자
나반존자… 향을 사룬다

병풍사 가는 길

만덕로를 지나서
쌍계봉을 향해서 산길 가노라면
용트림 하듯 솟아오른 거대한 바위 숲
마애불군의 성전
엎드리면 바위같이 천년 이끼가 피고
기대서면 한 송이 만다라꽃처럼
환생을 할 것 같은 그곳

아픔도 슬픔도 그리운 숲길
풍화된 그림자 길게 끌고
허이 허이 오르다가 돌아보니
아스라이 낙동강이 흐른다
여기쯤, 세상살이 족쇄 풀어놓고서
시월 하늘 바람에 얼굴 헹구고
풍경소리 따라 홀로 가는 길

소금쟁이

그리고 또 그려도
금방 지워지는
동그라미를
끝없이 그리고 있는
저, 소금쟁이

채우고 또 채워도
비워지는 것이
사람 사는 이치라고
몸으로 저렇게
설하시고 계시는 걸까?

밤낮 없이
동그라미… 동그라미…
맴맴 돌고 또 돌다가
물 위에서 늙어가는
저, 소금쟁이

흔적

백설은 분분히 칼바람에 휘날리고
댕 댕 댕그랑~
대웅전 처마 끝 쇠물고기
몸 소리 은은한데
임 찾는 나그네 눈빛이 설웁다

흐드러지게 피어있던
그 많던 옥잠화는 어디에 있나
그 꽃 속에서 노닐었던
그 여인은 어디에 있나

눈 덮인 화단을 쓰다듬는 나그네
아, 선명히 남아있는
따뜻한 숨결 사랑의 심지
피우다가 지다가 사라진 꽃자리

그리운 추억의 자리
그 임의 흔적

가을 아침

가을이 열리는 이른 아침
잘 익은 벼이삭을 쓰다듬고 있는
늙은 농부의 모습은 숭고하다
배부르게 누워있는 논두렁길로
걷다, 서다 이따금 허수아비처럼
팔을 벌리고 서 있기도 하다가
하늘을 바라보는 밀짚모자 속의
주름진 얼굴이 환하다
명화처럼 펼쳐진 풍경 속에
바짓가랑이 걷어 올리고 들길을 걷던
내 아버지 고무신도 겹쳐지고 있다
한 해의 고단함과 시련들이
말끔히 씻어지는 풍요로운 계절이다
왠지 가슴이 찡하고 아프다
왈칵, 하늘 비가 쏟아질 것 같다

쌈지공원

처음엔
노는 입에 염불이나 하자였다
허리띠만 한 집 앞 쌈지공원
열 바퀴를 돌아야 오천 보를 걷는다
관세음보살 관세음보살…
아프던 다리가 점점 좋아진
그 후부터다
소원 하나 소원 둘… 셋, 넷, 다섯…
절제 없이 뻗어나가는 소원 줄기
그것이 욕심이라는 것을 벚꽃이
몇 번이나 피고지고 한 후에야 알았다
다비茶毘 뒤에 남겨진 사리 같은
맑은 청심 기도하며
굴렁쇠를 굴리는 아이처럼
한 바퀴 두 바퀴 돌고 또 돈다
아버지 허리띠 같은 공원길을

그 여자의 영도다리

영도 전차종점 부근 사글세 단칸방의
새벽은 늘 분주했다
연탄불을 피우고 도시락을 싸고 공동수도에서
물 대 여섯 동이 받아놓고서야 여자는
고무다라이 하나 옆구리에 끼고
버릇처럼 하루치의 행복을 셈을 하고
기도하면서 영도다리를 건너갔다

바람 부는 날에도
눈비 오는 날에도
영도다리를 건너야 자갈치가 있고
왁자지껄 장꾼들의 입씨름이 있고
삼남매의 일용할 양식이 있었다
수없이 물고기 멱을 따고 배를 가르던
그 여자 비린 눈이 빨갛게 젖었다

질기고 모진 요년의 팔자
바닷물에 수장시켜 주십사고 새벽마다

중얼중얼… 하며 건너갔던 다리
그 중얼거림의 기도
날이 가고 달이 가고 세월 더께가 앉아도
닫힌 빗장을 풀어주지 않았다 그래도 한평생
그 여자의 기도처는
영도다리였다 생선비늘 같은

詩를 왜 쓰느냐?

나는, 왜 살고 있을까?
화두에 빠진 적이 있습니다

태어났으니 사는 것이요
살아있으니 살아 갈 뿐이라는 답을 얻고

내 숨이 다 하는 날
내 생의 목록은 망각되리라, 는
건방진 묘비명을 써놓고

나는 질긴 밧줄 하나 쥐고 산으로 올라갔습니다

나는 부끄럽게도 산을 내려왔습니다

詩는 내게
좌절의 무덤을 허물었기 때문입니다

내 생의 브레이크

산다는 것이 그랬다
무겁게 채인 발목의 족쇄가 조여들고
희망이 길바닥에 굴러 흙투성이가 되어
푹, 주저앉을 판국이 올 때마다
비우며 산다는 위로의 말 하며 살았다
굽이굽이 험한 길 달려오면서
힘겹고 서러웠고 너무 아파서
눈앞이 하얗게 흐려질 때마다
나는 힘차게 브레이크를 밟고 서둘러
부속을 갈아 넣고 다시 시동을 걸었다

그렇다 아직은
해는 저물 때가 멀었고
사시장철 걸었던 낯익은 길이 내 앞에 있다
그 길로 나는 달려가야 하기에
또, 힘차게 밟는다
내 생의 브레이크를

비문증

까만 날벌레 두어 마리가
눈앞에서 뱅뱅 날아다닌다
어라, 손으로 잡아도 형체가 없네
날벌레들은 어깨동무하고 뛰고 놀다가
어느 날부터 오른쪽 눈앞에서
동그란 도너츠가 되어 자리를 잡고 맴을 돈다
그런데 왼쪽 눈이 시샘을 했는지
또, 하나의 도너츠를 데불고 왔다

나는 이제 밥걱정은 없다
눈 뜨기만 하면
도너츠 두 개가 차려져 있으니

탱탱함 그리고…

탁탁, 간호사가 숨어있는 핏줄에게
어서 나오라고 종주먹을 댄다
탱탱한 링거 비닐주머니가
쭈그렁한 내 손을 물끄러미 보고 있다
코끼리 가죽처럼 날개 살이 접히는 팔
안쓰럽고 허무하고 남세스럽다

탱탱함과 쭈그렁함
그 사이 공간에는
우주보다 더 깊고 넓은 여정이 놓여있다
여덟 남매를 키우시고 알갱이가 다 빠져
덜렁거리던 내 어머니 젖가슴같이
링거도 생명의 수水 방울방울 내게 주고
제 몫을 다 했다고 쭈그러졌다

간호사는 빈 링거 주머니를 한 손에 구겨들고
목화 빛 길을 따라 사라진다

바나나를 먹는 법

네 살짜리 꼬마 계집아이가
바나나를 들고 울고 있다
오빠가 꼬챙이로
바나나를 찔러서 상처가 났다고
그래서 아프겠다고 불쌍하다고
조가비 손으로 눈물을 훔치고 있다

아가야! 울지 마라
바나나 한 개 벗겨서 주니
눈물 묻은 입으로 맛나게 먹는다
먹는 것과 찌르는 것
그렇구나! 미처 생각지도 못한
엄청난 그 차이점의 의미
바나나가 실려 온 바닷길보다
더 깊고 먼 길이였구나
더 높은 하늘길이였구나

꽃
– 손자 류재의 백일 날에

귀한 꽃
참으로 어여쁜 꽃
생각만으로도 가슴 벅차고
바라보기만 해도 웃음을 주는
세상을 다 들추어봐도
딱, 하나 밖에 없는 소중한 꽃

오늘은
2012년 11월 21일
하늘 청명하고 햇살 따뜻한 날
무병장수 빌며 삼신상 올리니
홀연히 무지갯빛 다리 하나가
환하게 세상 길을 비춰주네

4

뻐꾹새가 운다

지하철 만사 1

새벽 다섯 시 십육 분
도시철도 객차는 만원이다
첫 차를 타고 가는 남정네들의 모습
하나 같이 어둡다, 왜 저럴까? 무엇이
건장한 저들의 얼굴을 납덩이처럼
시린 빛으로 무겁게 만들어 놨을까?
식솔들의 밥그릇에 고봉밥을 담기 위해
곤궁한 삶에 애가 타서 등뼈가 휜 탓일까?
…… 잠이 덜 깬 탓일까?

얼굴에 분칠을 하고 멋진 옷 입고
즐거운 여행길에 달뜬 여자는
슬그머니 색안경을 벗어 가방 속에 넣는다

어둠을 지우며 아침으로 가는 시간 속으로
승전보를 울리며 달렸던
마찻길의 십자군처럼, 새벽의 사람들은
거침없이 빠르게 달려가고 있다

지하철 만사 2

앉아 있는 남학생에게
일어나라하여 앉는 만취한 중년 남자
다리를 쫙 벌리고 두 발을 쭉 뻗는다
냄새에 코를 막고 일어서는 여자
복잡한 출퇴근 시간에 텅 비어 있는 좌석
지하철은 또 서고 가고… 밀려드는 사람
긴 의자 통째로 차지하고
사나이는 드르렁~ 코를 곤다
저 몰염치의 여유로움은 어디에서 왔을까?
머리에서 발끝까지 눈으로 염탐을 하며
그 사내의 내력을 어림짐작을 하면서
내 맘대로 소설을 쓰다가
안태본까지 낱낱이 파헤치다가
후다닥! 뛰어내린 서면역
어릿어릿 흔들린다. 술 취한 것처럼

지하철 만사 3

하나님을 믿으십시오!

제 물음에 답하시는 분에게는
이 영생의 성경책을 드리겠습니다

한 손에 빨간 표지 성경책을 들고
주저하지 말고 말씀해 달라면서
간절한 목소리로 객차 속을
왔다 갔다 반복하고 있는 목자
그러나 사람들은 입이 없었다
아무에게도 건네주지 못하고
엄마 품에 안겨 있는 꼬마숙녀에게
하얀 알사탕 하나 건네주고 내리는
허리가 꾸부중한 노인

지하철은
영광 평화 천국 은혜 영혼 구원…들을 싣고
먼- 베들레헴으로 가고 있다

지하철 만사 4

하얀 원피스 아가씨가
얼룩무늬 옷 사나이와 손을 잡고 들어와서
문 앞에 자리를 잡고 마주보며 서 있다
점점 밀도가 좁혀 지더니
풀밭 속으로 하얀 토끼가 뛰어들듯이
얼룩무늬 품속에 긴 생머리 찰랑거리며
살포시 안겨 버린다, 소곤 소곤소곤…
주고받는 귓속말에 사랑 꽃이 핀다

그 시간이 너무 길다

내 곁에 할매는 세상이 말세라고 혀를 차고
건장한 아저씨는 조오타! 비꼬며 타박을 하고
여기저기 눈총에도 흔들림 없이 익어 가고 있는
저 철없는 사랑 놀음을 어찌할거나

그래! 용서해 주마 눈부신 청춘이니까

지하철 만사 5

진짜배기가 어딨노!

내 곁에서 느닷없이 고함치는 노인
진짜배기 없는 세상 모두 없어져야 된다고
어서 종말이 와서 다 죽어 버려야 된다고
지구는 왜 빨리 폭발을 안 하느냐고
눈에 핏발을 세우고 떠들고 있다
입성도 깨끗하고 신체도 멀쩡한 사람이
사람들은 곁눈으로 힐끔거리며 쳐다보고
– 니는 자식도 없고 손자도 없냐?
칫, 눈을 흘기며 내리는 할머니

여기저기 굴러다니는 가짜배기들
가짜가 더 진짜 행세하는 세상 누가 모르랴만
어쩌다가 진짜 자리 가짜에게 빼앗기고
가짜배기 주위를 어정거리는 진짜배기들
가짜배기, 가짜배기 진짜진짜 진짜…
어휴~ 나도 진짜배기 병에 걸렸는 갑다

지하철 만사 6

살면서 벼라별 사람 다 보고 살았지만
정말 이런 희귀한 사람은 처음 보겠네
육십 나이도 넘어 보이는 뚱뚱한 남자가
구릿빛 굵은 팔에 알록달록 구슬 팔찌를 하고
가슴까지 파인 하얀 레이스 민소매 블라우스에
망사 미니 치마 입고 은색 숄더백 둘러매고
검고 주름진 얼굴에 분홍 멋 모자를 쓰고서
맙소사! 내 곁에 앉았네

옷깃만 스쳐도 인연이라고 했는데
나란히 앉아서 어깨가 서로 닿기도 하고
허연 맨살 다리 송두리째 보여 주며
꾸벅꾸벅 졸고 있는 이 상스러운 영혼은
전생에 무슨 인연 있어 오늘 내게로 와서
지금 이렇게 골똘히 생각에 잠기게 하는가?
목적지를 놓치고 그 영혼도 놓치고, 돌아오는 길
와글와글 세상이 뱅그르르 돌고 있네

지하철 만사 7

누구를 만나러 가시는지
경로석에 앉아 조가비만한 거울 숨겨 보면서
눈곱을 떼내고 콧속을 들여다보고
얼굴을 매만지고 옷을 털고 살펴보시다가
중절모를 다시 고쳐 쓰고 꼿꼿하게 허리를 편다
칠순도 훌쩍 넘어선 듯 보이는 백발노인
푸새한 모시옷 같이 해맑고 정갈한 모습
주름진 그의 손놀림을 민망스레 훔쳐보면서
나는 여름밤에 들려오던 피리 소리를 생각한다
서툰 가락이라도 불면 부는 대로 노래가 되어
설렘을 주던 피리, 오늘 저 분의 봄날도
그 피리처럼 아낌없이 노래를 하는
행복한 하루가 되었으면 좋겠다

할아버지 청춘은 아직도 진행 중이니까

종달새

그래!
시를 써라
온몸으로 시를 써라

오늘
나도 너처럼
몸으로 시를 지을 것이니

너는
별을 노래하고 바람을 노래하는
하늘의 시인이 되고

나는
질펀한 세상 바닥을 노래하는
땅의 시인이 되리니

삐리 삐리 삣삐리쏭~
삐삐리 삣삐리쏭~

온몸
시詩문이 터져
청청한 푸른 노래 부르자꾸나

뻐꾹새가 운다

뻐꾹새가 운다
동이 트기도 전에 일어나 울고
해가 꼴딱 질 때까지도 운다
언니의 돌산이
언니 호미 끝에서 파이고 파여서
돌산이 흙으로 탈바꿈을 하고
돌들이 쫙, 깔려서 길이 되고
돌이 쌓여서 밭머리에 담장이 되기까지
쉼 없이 뻐꾹새는 울고 또 운다

뻐꾹, 뻐꾹 뻐꾹…
그 울음에 살구꽃이 피고
그 울음에 감자 볼에 살이 오르고
그 울음에 상추 잎이 나풀거린다
방울방울 땀방울이 널리 퍼져서
산은 저렇게 푸르고 있는가
그래서 그 울음 달래 주지 못하고
실제의 뻐꾹새도 함께 울어 주는가

낙엽 지고 눈보라가 휘날려도
언니 빼꾹새는
빼꾹 빼꾹 하면서 돌을 파고 있을까

장미

한 번쯤
무장해제하고 살면 어때서

한 번쯤
가는 길 늦추었다 가면 어때서

꼭, 오월에
온몸에 뾰족 가시 아프게 세우고 와서

장밋빛으로
밤마다 설운 울음 서리서리 울다가

아,
어김없이 오월에 떠나가네

오월도
꽃잎 따라 멀어져가네

쓸쓸함이란

해질녘 낡은 라디오에서
참매미 날개 터는 소리로 흘러나오는
옛 노래 가사가 가슴을 파는 그런 날
목적지도 없이 나는 떠나가고 싶다
갈매기 울음들이 고독한 영혼을 흔들고
하얗게 휘날리는 억새꽃에 울음이 날 때
누구라도 만나 사랑하고 싶다
아프게 걸어온 길 가닥마다 불을 켜고
나를 부를 때, 만나고 싶다
아무것도 알려고 하지 않고 따지지도 않고
무의 상태 그대로 그냥 가끔씩 슬쩍
마주 보며 비워진 내 속을 보이고 싶다
어느 외진 산길에서
그림자 없는 사람이라도 만나서
다정하게 손잡고 먼 길 걸어가고 싶다
쓸쓸함이란
대책 없이 제 속을 다 드러내는 것

춘향春香

노랑나비 두 마리
우물가 남새밭에
봄 마실 나왔네

장다리꽃 속에서
술래잡기 놀다가
나풀나풀 날아가고

작은 산새 한 마리
꽃가지에 앉아
춘향春香에 젖어들 때

머언 고향 아지랑이
꽃빛으로 익어
내 슬픔을 들추네

두견화

어느 넋의 한이던가?
낭자한 선혈의 꽃

봄바람에 나부끼는 여리고도 어여쁜 꽃 첫사랑 마음같이 맑고 곱게 빛나는 꽃 시집살이 고개 넘는 누님같이 서러운 꽃 속적삼에 파고드는 그리움에 사무친 꽃 꽃가지 가지마다 꽃잎마다 구구절절 사연들을 매달아 놓고 가는 사람 오는 사람 발길을 붙잡고 두견새는 구슬픈 선홍빛 울음 운다, 그 울음 메아리 되어 봄 산을 휘감으니 아아! 두견화여 눈물겹게 아름답다

배롱나무꽃

저 언덕에
나무 한 그루

벌거벗은
나무 한 그루

말없이 고요히
그림자 드리우며

가지마다 빠알간 꽃
홍등처럼 달고

첫날밤
꽃 각시처럼

만월달빛 아래
바르르 떨고 서 있네

나무 한 그루

경북 내연산 보경사에 가면
아주 오래된 나무 한 그루 있다
안녕을 지키셨던 노부의 손등같이
온갖 삶의 고통들이 새겨진 주름진 껍질
속을 텅텅 비워 내고
시간을 대면하고 있는 고독의 화신
흩뿌리는 진눈깨비 바람 속
흑백사진처럼 묵묵히 서 있는 나무 위에
겹겹으로 얹어 지는 그리운 얼굴들
언제부터 그곳에 살았는지?
왜 그렇게 가슴을 파내야 했는지?
나무는
끝내 아무런 답도 해주지 않았다

자귀꽃

초록색돗자리
가지마다 살포시 펼쳐놓고서
냉큼 올라앉아
세상을 내려다보고 있는
저, 도도한 자태

머리 머리마다
공작새 날개 관을 쓰고
꽃실 머리칼 바람에 날리고 있는
고혹적인 눈빛의
저, 여왕벌 꽃

어디서 오셨습니까?

섬진강변의 봄

강변이 떠들썩하다

연둣빛 향연이 강물 위에 어리니
겨울잠 깬 생명들이 새 옷 갈아입고
기쁨을 노래하며 폴짝 튀어나오는 봄

강변이 떠들썩하다

흐르는 길마다 봄 햇살 질펀하니
연분홍 꽃봉오리 무더기로 입을 열고
십리백리 벚꽃구름 자지러지게 환한 봄

강변이 떠들썩하다

청록색 은어 떼가 물살을 타고 노니
섬진강 사람들은 낚싯대를 꺼내 오고
향긋한 수박 향기 나그네도 익는 봄

앵두아가씨

조붓한 오솔길
돌담 안에서
머리 하얀 할머니가
앵두를 딴다

솔솔 내리는 실비 속에서
주름진 입술 오물거리며
앵두를 딴다

고개를 들이밀고 보는 내게
두 손 가득 앵두를 집어 주면서
빨그레 미소 짓는
앵두아가씨

연초록 잎사귀 헤적이고 있는
앵두보다 더 고운 저 아가씨
참, 예쁘다

애심愛心

먼 곳
그대 봄날은
무슨 꽃으로 피고 있나요

꽃잎은
깊은 산 밤 부엉이
울음처럼 노오랗게 물들고 있는데

두 마음
맞잡을 수 없는
이런 봄날의 가슴은 서러워라

아득한
내 사랑 행여
천 리 길 봄바람 타고 오실까

그날 밤 327호 병동

저승길을 목전에 둔 아비 앞에서 재산분배를 놓고 크게 다투다가 돌아가는 자식들, 정신 줄 놓은 어미 코앞에 은행통장 서너 개를 들이대고 비밀번호 생각해 내라고 흔들고 다그치던 자식들이 낙심하고 돌아간 텅 빈 327호 병동 비정한 밤 야수의 밤이 무너져 까맣게 쌓이고… 나는 300년 동안 신성하게 자라고 300년 뜨겁고 풍성하게 살다가 죽어서도 300년을 은은한 빛으로 기품을 잃지 않는다는 참나무의 생애를 생각해 본다 그렇다 그렇지만 참나무인들 어디 참나무마다 제 뜻대로 생을 살 수 있었을까 운명의 덫이란 지금 이 암병동에 누워 있는 사람들의 운명처럼 알 수 없는 것이니까

이게 아닌데

간밤 꿈속에서
망초 꽃처럼 예쁜 어린 계집아이가
독 같은 아기를 업고 있었는데, 나는
처음 보는 그 아이가 너무 가여워
그 두 아이를 내가 다 겹쳐 업고
일어서지도 못한 채
칠흑같이 어두운 골목길을 무릎으로
밤이 다 새도록 걸어 다녔다
꿈속에서도 셈이 서툰 내 삶이
생시처럼 그렇게 고달팠다… 고
적혀 있는 누렇게 빛바랜 나의 일기장

아, 수십 년의 세월이 훌쩍 갔구나!

그런데 이게 뭐야!
아직도 그 자리, 이게 아닌데…
정말 진짜
이게 아닌데

어느 여가수의 날개

보슬비가 살포시 내리던 봄밤, 그 여가수는 거동이 불편한 노모의 손을 잡고 와서 객석 의자에 모셔놓고 다정한 귓속말을 주고받다가 옛날, 육십 나이의 아들이 색동저고리를 입고 어머니 앞에서 춤을 추었듯이 불혹을 넘긴 딸은 작은 산새처럼 한 마리 나비처럼 날개를 나풀거리며 노래를 불렀다

어머니! 이것 밖에 없어요
피를 주고 살을 주고
육신을 던져 거름이 되어 주신 어머니
당신의 가슴에 안겨 드릴 수 있는 것은
허공에 흩어져 버리는
이 한 곡조의 노래 뿐
바람 같은 이 딸을 용서하소서

이제 객석에는 구멍이 났다 동그마니 앉아 있던 어머니의 의자, 그러나 치울 수 없다 날개를 접을 수 없다 어머니~ 딸은 더 큰 목소리로 노래를 부른다 천상을 향하여

부활초를 보다

초판 1쇄 2014년 8월 25일

지은이 정옥금
펴낸이 박철수
펴낸곳 도서출판 해암

전화 051)254-2260, 2261
팩스 051)246-1895
전자우편 haeambook@hanmail.net
주소 부산시 중구 백산길 17 삼성빌딩 702호
출판등록 2001년 5월 14일 제2001-000007호

ISBN 978-89-6649-054-7 03810

*본 도서는 2014년 한국문화예술위원회, 부산광역시, 부산문화재단의 사업비 지원을 받았습니다.